I0074980

FACULTE DE DROIT DE PARIS.

THÈSE
POUR LA LICENCE.

L'acte public, sur les matières ci-après, sera soutenu le vendredi onze décembre 1829, à 10 heures du matin,

Par Jean-Timoléon BENOIT, né à Mantoue.

PRÉSIDENT, M. BUGNET, PROFESSEUR,

SUFFRAGANS. {
MM. DELVINCOURT,
DE PORTETS,
PELLAT,
SIMON,
} PROFESSEURS.

SUPPLÉANT.

Le Candidat répondra en outre aux questions qui lui seront faites sur les autres matières de l'enseignement.

PARIS.
IMPRIMERIE DE CARPENTIER-MÉRICOURT,
RUE TRAÎNÉE, N° 15, PRÈS S.-EUSTACHE.
1829.

À la mémoire de mon Père.

ET A MA MÈRE.

JUS ROMANUM.

DE PACTIS INTER EMPTOREM ET VENDITOREM COMPOSITIS.

(FF. lib. XVIII, tit. 2 et 3. C. lib. IV, tit. 54.)

Prolegomena et divisio materiæ.

Jure naturali conventio quolibet modo facta sit, dum liberè et bona fide neque errore affecti paciscentes consenserint, obligationem parit.

Est autem conventio seu pactio (idem enim hæc duo et item pactum in genere sumptum valent) duorum vel plurium in idem placitum consensus.

Sed Romanum juris auctores noluerunt omni conventione, qualiscumque fuerit obligationem pari cujus solutio actione exigi posset, ne qui temere forsan nec consulto promiserit necessitate promissi solvendi adstringeretur, ne innumeris hac necessitate productis litibus privata quies et publica perturbaretur.

Inde celeberrima illa conventionum divisio in contractus, tum nominatos cum innominatos, et in pacta stricte dicta.

Nominati contractus dicuntur qui nomen habent et certam actionem producunt sub certo et speciali nomine : innominati, qui nomine carent vel potius non certam actionem pariunt, sed tantum actionem *in factum præscriptis verbis*.

Simplices conventiones quæ nomine et causa carent, *pacta stricte dicta* appelatæ sunt. Hic autem causa dicitur aliquod factum, vel alicujus rei datio per quæ ex una parte conventio impleri cœpta sit ; hoc consensui additur ut conventio contractus sit et actionem pariat.

Omnia pacta stricte dicta aut in rem sunt, aut in personam. In rem sunt cum generaliter quis paciscitur, nec fit limitatio personæ cui pactum prosit. In personam sunt cum sic quis paciscitur ut ei duntaxat pactum prosit, verbi gratia, *ne a se petatur*.

Alia est pactorum divisio : sunt enim nuda aut non nuda.

Nuda pactio nullam obligationem parit (civilem scilicet, ex qua actio nascatur, naturalem vero parit : sed pacta conventa servat prætor dando exceptionem pacti.

Pacta non nuda vel legitima sunt, vel prætoria, vel contractui apposita.

Pacta legitima eæ sunt conventiones quæ specialiter aliqua lege, plebiscito vel senatusconsulto adjuvantur, et ideo actionem civilem ex lege pariunt.

Prætoria dicuntur quæ nulla quidem lege civili, sed edicto prætoris confirmantur : hæc prætoriam obligationem et actionem pariunt.

Possunt denique contractui apponi qualiacumque pacta, modo nec moribus, nec legi-

bus contraria sint, neque cnntractus natura abhorreant. Et pariter adjiciuntur contractibus bonæ fidei et contractibus stricti juris. Cum vero nobis de pactis quæ inter emptorem et venditorem componuntur dicendum sit, inutile de illis videre quæ contractibus
stricti juris accedunt.

Est autem emptio-venditio contractus juris gentium, synallagmaticus seu bilateralis
et bonæ fidei quo alter alteri rem tradere et pro domino habere licere præstaturum se
promittit, alter alteri pretium rei dare obligatur. Vetustissimus hic contractuum est post
permutationem : constat enim è digestorum libris originem emendi vendendique à per-
mutationibus cœpisse. Actionem utrinque parit venditio : nempe venditori competit actio venditi, emptori empti. Perfectus est contractus simul ac res est quæ væneat, et pretium pro ea re constitutum, et consensus super re et pretio.

Omnis generis pacta emptioni venditioni sicut cuilibet contractui, ut suprà diximus,
adjici possunt. Sed priusquam de iis inspiciamus, notandum est aliter se rem habere si
pactum, quod huicce contractui accedit, incontinenti accedat, aliter si ex iutervallo.

Quum incontinenti, scilicet in ipso contractus ingressu pacta facta sunt, contractui
insunt, ei legem dant, actionem directe ex contractu descendentem informant, augent,
vel minuunt secundum ea quæ pactis continentur.

Quæ vero post emptionem ex intervallo interponuntur non insunt ex actoris parte,
nec valent, propter eam regulam *ne ex pacto actio nascatur*. Hæc ex parte rei tantum locum habent, quia solent parere exceptiones.

Attamen, si circa ipsa contractus substantialia versetur pactum, re nondum secuta,
potest, quamvis ex intervallo interpositum, actionem in totum vel in partem tollere. Sin
autem pactum ex intervallo interpositum circa adminicula contractus versetur, licet in-
tegra re, nil valet ad augendam vel minuendam actionem, sed tantum parit exceptionem.

Cæterum quodcumque tempore traditionis pactum est, hoc valere manifestissimum est
(*L. 48. ff. de pactis*).

Inter varia quæ emptioni-venditioni apponi solent pacta, insigniora sunt pactum in
diem addictionis et lex commissoria, de quibus in duobus digestorum titulis agitur, et nos
in singulis capitibus dispiciemus; in tertio capite videbimus de pacto de retrovendendo ;
in quarto de quibusdam aliis minoris momenti pactis.

Caput. I. *De in diem addictione.*

Addictio in diem pactum est quo inter emptorem et venditorem convenit ut, si quis
intrà certum diem venditori meliorem conditionem fecerit, res sit inempta; quod
duobus modis pactum fieri potest : aut enim hoc agitur ut, allata meliore conditione, ab
emptione discedatur; tunc pura est emptio, ejus autem resolutio conditionalis : aut hoc
statuitur ut emptio perfecta sit, nisi intrà certum diem conditio melior offeratur; tunc
emptio ipsa conditionalis est.

Si pura est emptio (atque perfecta) omnia commoda et pericula quæ rei addictæ con-

tingunt, ad emptorem pertinent; is, traditione secuta, dominus est vel est in causa usucapiendi, si a non domino emit; inde rem pignori dare, fructusque percipiendo suos
facere potest.

Ubi autem conditionalis venditio est nihil in emptorum translatum censetur : neque
fructus, neque accessiones ejus fiunt; usucapiendi causam habere non potest, nondum-
que illi periculum respicit. Sed nihilominus ad eum periculum rei pertinet, si, pendente
conditione, pro parte tantum res extincta vel deterior facta est.

Ex lege addictionis in diem tunc solummodo receditur ab emptione, si pure contracta est, vel non impletur, si sub conditione, cum novus emptor existit qui meliorem
conditionem afferat. Non vero novus existit, si falsus subjicitur : sed modo sit verus
emptor etsi solvendo non sit, a priore emptione recedetur. Et idem fiet si pupillus sine
tutoris auctoritate, vel servus alienus plus emerit, modo comprobaverit venditor cui licuit
non addicere.

Melior autem conditio afferri videtur si quid pretio addatur, vel facilior maturiorve
pretii solutio offeratur, vel opportunior pretio solvendo locus dicatur, vel si magis
idonea ad emptionem accedat persona. Melior denique allata videtur conditio, quoties
aliquid venditori conceditur quod ad ejus utilitatem pertinet, puta, si novus emptor le-
viorem vel nullam satisdationem exigat, et aliis innumeris modis ratione temporis et
loci. Quin et aliquando probandum erit si quis accedat emptor qui viliori pretio emat,
dum ea remittat quæ in priore emptione venditori graviora erant; et aliquando prior
venditio valebit, licet plus offerat novus emptor, si quædam rei venditæ accesserint quæ
non minoris sint quam id quod pretio adjicitur.

Debet enim adjectio fieri circa ipsam rem quæ principaliter distracta est. Recte ergo
dicitur, si res in diem addicta interciderit, fructus ejus adjectionem admitti non posse; si
vero ex duabus rebus simul venditis et in diem addictis altera interciderit, et deinde
unius quæ superest emptor extiterit qui supra pretium offerat, a priore emptione disce-
dendum esse.

Intra diem conventionis afferri debet melior conditio et venditori placere; inde per
se apparet, si venditor mortuus sit neque ante diem hæres existat, meliorem conditionem
afferri non posse.

Licet autem venditori meliorem allatam conditionem abjicere, atque priorem sequi
quasi meliorem, nisi resiliendi contractus, meliore conditione allata, emptori facultas
nominatim data fuerit, aut pignus a creditore in diem fuerit addictum, ne debitor com-
modo adjectionis defraudetur.

Si plures sunt qui lege addictionis in diem vendiderunt, et alii abjicere, alii accipere
meliorem conditionem allatam velint, distinguendum utrum solo uno pretio, an pluribus
pretiis vendiderint. Si uno pretio vendiderint, priori tota res empta erit; cum enim
prior emptor ita contraxit ut, nisi totam, rem emptam nollet habere, hæc res ei pro parte
aufferri non potest. Quod si variis pretiis habita est emptio (et nihil refert an pares sint

partes necne) priori emptori partes manebunt abjicientium, posteriori vero admittentium.

Fundus in diem jam addictus sæpius addici potest, variis sequentibus licitationibus.

Oportet etiam ut venditor, meliore conditione allata, priorem emptorem certiorem faciat, ut et ipse adjicere possit; quippe qui præferri debet modo tantumdem adjiciat quantum alter adjecit.

Quum prior emptio ex pacto addictionis in diem resolvitur, nunquam extitisse censetur. Idcirco quos prior emptor fructus percepit, hos refundere debet : nulla enim subest causa propter quam fructus retineat, neque propter quam ad posteriorem perveniant; hunc nihil sequitur præter corpus quod væniit.

Et quod de fructibus venditori restituendis diximus, idem dicendum est, si prior emptor meliorem conditionem attulerit, posteriorem superando vel æquando. Intererit tamen quid acti sit.

Quemadmodum capti medio tempore fructus reddendi sunt, si emptor novus extiterit, sic quæ prior emptor eodem tempore necessario erogata probaverit, de reditu retinere potest, vel si non sufficiat, ei competit empti venditi actio. Hac demum actione, pretium quod numeravit repetet una cum usuris.

Cap. II. *De lege commissoria.*

Lex commissoria ea est qua paciscentes conveniunt rem inemptam fore, nisi pretium intra certum tempus fuerit exsolutum.

Magis est ut hac lege emptio contracta pura sit, et sub conditione resolvatur, quam ut conditionalis videatur.

Pleno jure, ad præfinitum diem pretio non soluto, lex committitur, neque interpellatione opus est.

Solvitur legis commissoriæ potestate emptor si non habet cui offerat, vel si per venditorem stetit quominus acciperet. Per hunc autem stetisse videtur, quoties justam impediendæ venditionis causam habet emptor, veluti si ei a fisco, vel a judice, vel etiam a privato, protestatio facta est ne creditori quod deberet, exsolveret. At si per venditorem factum est quominus illi pecunia solveretur, et deinde per emptorem stet quominus solvat, lex commissoria locum habet.

Venditoris tantum causa lege commissoria cavetur; hanc exercere potest si velit, non autem invitus : non enim in potestate emptoris debet esse emptionem firmam facere vel resolvere. Sed statim atque lex commissa est, statuere debet venditor utrum uti hoc pacto, an pretium sequi velit; semel autem alterutrum elegerit, non deinceps variare potest. Et a commissoria recessisse videtur qui, post præstitum pretii solvendi diem, non rem vindicavit, seu non egit ex vendito, rescindendæ venditionis causa, sed pretium vel pretii usuras petere maluit.

Commissa lege commissoria, duæ venditori competunt actiones, scilicet vindicatio, si rem precario tradidit, non voluntate transferendi dominii, vel actio ex vendito, si non precariam tradidit possessionem.

Ex eo quod diximus venditionem hac lege factam puram esse, sequitur fructus, donec legis commissoriae dies venerit, emptoris esse. Sed actione venditi, non solum id quod principaliter vaeniit, consequetur venditor, sed et fructus percepti illi restituendi erunt ; namque nihil penes emptorem residere oportet ex re in qua fidem fefellit. Atque ideo quae rei venditae accessura erant non emptori debentur ; semper enim sequitur principale accessorium.

Interdum omnes fructus non veniunt in actionem ex vendito : hos pro rata parte emptor lucratur quando aliquam partem pretii dedit, quod aequum est. Enimvero eam pretii partem amittit emptor quam arrhae vel alio nomine solvit, cum per eum factum est ut legi commissoriae pareretur. Quod si de eo expresse convenerit, multo magis fides contractus servanda est, et ita scripsit D. Antoninus (L. 1, C. *de pact. inter empt. et vend.*)

Denique et hoc solet convenire in commissoria, ut, si ea lege venditor fundum venderet, quanto minoris vendiderit, id a priore emptore actione venditi exigere possit.

Cap. III. *De pacto de retrovendendo.*

Pactum de retrovendendo locum habet cum id actum est, ut, si venditor, vel ejus haeres emptori pretium quandocunque vel intra certum tempus obtulerit, res ei restituatur.

Ut hujusce contractus fides servetur, duae dari dicuntur actiones, nimirum actio ex vendito, et actio in factum praescriptis verbis, quae toties datur quoties vulgaris et directa deficit, cum proprium nomen inveniri non possit, et quando dubium est utrum directa competat. In controversia enim fuit apud veteres, hac lege dari actionem venditi, quia absurdum videbatur actione quam contractus parit, ad hujus executionem procurandam parata, hac ad rescindendum agi. Cum vero rescripto Severi et Antonini (L. 4, pr. ff. *de lege commiss.*) tollitur omnis dubitatio, data actione ex vendito, superflua evadit actio praescriptis verbis.

Nullo modo potest haec venditionis conditio remitti. Sed si se subtrahat emptor ut rem dominii jure retineat, suo venditor juri consulit denunciationis remedio, et obsignando pecunias, easque secundum legem deponendo; sola autem oblatio non sufficeret. Debent quoque intra diem, si quis praestitutus est, fieri oblatio et obsignatio ut emptio resolvatur ; nam venditori post diem agenti obstat exceptio peremptionis.

Ubi datam quantitatem venditor obtulit, fructus ei reddendi sunt qui postea ex fundo ad adversarium pervenerunt. Ex oblatione enim, etiam si pretium non depositum sit, in mora constituitur emptor, quippe doli mali exceptio nocet ei qui pecuniam oblatam accipere noluit.

Caeterum haec venditionum conditiones et ab haeredibus contrahentium impleri possunt, sive id pactioni adjectum fuerit, ut solet, sive non fuerit adjectum.

Cap. IV. *De aliis pactionibus.*

Si initio venditionis pactum est ut emptor pretii tardius exsoluti usuras pensitaret, quamvis præstari non soleant nisi ex mora, non immerito hæc usuræ actione ex vendito petentur : namque pactio in ingressu contractus facta huic inest, et ideo forma dicitur et lex actionis. Quod si non initio contractus pactio facta est, non ex contractu, sed ex mora duntaxat, usuræ jure postulari possunt.

Quando, certæ rei contemplatione inter paciscentes habita, fundus ea lege væniit ut, nisi hæc res sequeretur, nec staret venditio, recte datur actio ex vendito resolvendæ venditionis causa, non impleta promissi fide. Tunc venditori cum fructibus restitui debet fundus, modo emptori reddatur pretium, nullamque is injuriam patiatur.

Dubitabatur apud veteres utrum fundus posset ea lege vænire, imo quolibet modo concedi, ne in eo emptor monumentum extrueret, neve in sacrum dedicaret, neu venditore invito qui prædium vicinum sibi retinebat eum alienaret, et ex lege penultima, ff. *de pactis,* hæc conventio irrita erat, licet contractui inhæsisset. Sed abrogata est dicta lex a nona lege Cod. *de pact. inter empt. et vend. comp.* (una è quinquagenta decisionibus) quæ sancivit tale pactum esse fovendum, et immutilatum permanere. Etenim multa sunt vicinitatis commoda et incommoda ; atqui non valet quidem pactio quoties vicinorum nihil interest (l. 15, ff. *de servit*); multum vero referre potest venditoris ne talis sibi sit vicinus. Ideo ex lege 35, § 8, ff. *de contrah. empt.*, si quis in vendendo prædio confinem celaverit quem emptor si audisset empturus non esset, ille ex vendito tenetur.

Si lex contractui ita dicta est : ut res inempta sit, si intra certum tempus emptori displicuerit, puram quidem esse emptionem, sub conditione autem resolvi constat.

Pactum exceptionis quo fit ut ea quæ excepta sunt vendita non sint, intra eas res quæ verbis quibus contrahentes usi sunt stricte acceptis continentur, concludendum est.

Sæpe in venditionibus fundorum convenit quasdam res venditioni accessuras. Si in vendenda insula mercedem emptori accessuram dictum fuerit, quanti insula locata est, tantum emptori accedet. Pari casu, venditor actiones eo nomine quas habet emptori præstare debet.

Si fundus venditus fuerit ut a venditore possessus fuit, eodem jure venditus est quo erat priusquam vænierit.

Si his verbis venditum est : « quo jure, quaque conditione ea prædia Lucii Titii hodie sunt, ita væneunt, ita habebuntur : » pactum de realibus oneribus intelligendum est, non autem de personalibus obligationibus quæ a venditori circa prædiorum fructus contrahi potuerunt.

Cum res uti maxima optima vænit, hæc adjectio significat ut liberum præstetur prædium, non etiam ut servitutes ei debeantur.

Generaliter omnia pacta quæ tempore venditionis inter emptorem et venditorem componuntur servari debent, modo et æqua sint, ex iis datur actio ex vendito vel exempto,

DROIT FRANÇAIS.

DE LA NULLITÉ , DE LA RESCISION ET DE LA RÉSOLUTION DE LA VENTE , ET DE QUELQUES VENTES
PARTICULIÈRES.
(Code civil, liv. III , tit. 6, chap. 6, 7 et 8.)

La vente est un contrat par lequel l'une des parties s'oblige à livrer une chose qui lui appartient, dont l'autre s'oblige réciproquement à lui payer le prix.

Ce contrat est du droit des gens; c'est un des plus anciens et des plus universellement reçus. Il contient un engagement réciproque des deux contractans, par conséquent il est *synallagmatique*; il est aussi *commutatif*, car le prix que l'un s'engage à payer est l'équivalent de l'objet vendu, enfin il est *consensuel* parce qu'il est parfait par le seul consentement des parties. Trois choses sont de l'essence du contrat de vente : une chose, un prix, et l'accord des contractans sur la chose et sur le prix.

Il peut avoir lieu entre absens, comme entre présens, par correspondance, par entremetteur. L'acte écrit est souvent nécessaire pour prouver la vente, mais jamais il n'est requis pour sa validité. Cependant les parties peuvent convenir de subordonner la vente à l'existence d'un acte régulier; le contrat n'est parfait alors que du jour de la signature de l'acte.

De tout temps le contrat de vente a été considéré comme un titre translatif de propriété; mais dans le droit romain, la possession devant toujours être le principe de la propriété, l'aliénation ne s'opérait que quand la chose avait été livrée et le prix payé, à moins que le vendeur n'eût voulu suivre la foi de l'acquéreur et se contenter d'une créance comme équivalent de la chose. Le Code civil a établi un principe tout différent : par cela seul que la vente est parfaite, sans tradition, sans paiement du prix, la propriété est acquise à l'acheteur.

Toute chose qui est dans le commerce peut être l'objet d'un contrat de vente, pourvu qu'elle existe ou qu'elle doive exister.

Ce contrat s'exécute de la part du vendeur par la tradition ou délivrance de la chose vendue, c'est-à-dire par la mise en possession de l'acheteur, et de la part de l'acheteur par le paiement de la somme convenue.

Dans l'ancien droit lorsque le contrat de vente n'avait reçu son exécution ni d'un côté ni de l'autre, il pouvait être résolu par le consentement des parties contractantes ; s'il n'avait été exécuté que de la part d'une des parties, par exemple, si la chose vendue avait été seulement livrée ou seulement payée, il pouvait encore être résolu par la seule volonté des parties contractantes, et il ne l'était alors que pour l'avenir.

Aujourd'hui que la propriété de la chose vendue est transférée par cela même que la vente est parfaite, il est absolument impossible de résoudre une vente par une nouvelle convention. L'acheteur peut bien convenir de rétrocéder la chose au vendeur, mais ce sera une nouvelle vente ; si l'héritage était un propre du vendeur il deviendra un acquêt ; si les biens de l'acheteur sont grevés d'une hypothèque générale, l'héritage rentrera entre les mains du vendeur grevé de cette hypothèque.

Nous avons à examiner dans quels cas la vente est nulle ; dans quels cas elle peut être rescindée ou résolue, ce qui fera l'objet d'un premier chapitre : dans un second chapitre nous traiterons de diverses espèces particulières de ventes.

CHAPITRE Iᵉʳ.

DE LA NULLITÉ, DE LA RESCISION, ET DE LA RÉSOLUTION DE LA VENTE.

La loi paraît avoir confondu sous la rubrique du 6ᵉ chapitre du titre de la vente, les idées de nullité, de rescision et de résolution : cependant autre chose est un acte nul, autre chose un acte annullable ou rescindable, autre chose un acte résoluble.

Un contrat est nul lorsqu'il manque une des conditions essentielles à son existence ; il n'y a que le défaut de capacité qui fasse exception à la règle établie par l'art. 1108. Le contrat nul ne peut produire aucun effet, il n'y a pas alors de ratification possible.

Un contrat est rescindable lorsque les conditions requises pour sa validité sont remplies, mais qu'elles sont entachées d'un vice : la rescision n'est pas fondée sur l'absence entière des conditions nécessaires à l'existence du contrat, mais seulement sur ce qu'elles ne sont pas parfaites et telles que les veut la loi. La différence entre la rescision et la nullité n'existe qu'avant la rescision opérée, parce que jusque là une ratification pouvait rendre le contrat inattaquable : mais si l'action a été intentée dans le délai légal, quoique le jugement qui intervient ne soit pas simplement déclaratif mais rescindant, il opère une restitution en entier, parce que la rescision résulte d'un fait qui a vicié le contrat dès sa naissance.

La résolution dépend entièrement d'un fait postérieur auquel la loi ou les parties ont accordé l'effet de résoudre le contrat. Ce n'est qu'au moment de cet événement que naîtra l'obligation de restituer, et cette obligation ne naîtra qu'autant que la chose qui fait l'objet du contrat existera encore. Que si elle périt l'événement de la condition, bien que celle-ci s'accomplisse, l'obligation de restituer ne naîtra pas, faute d'objet, et par suite ne naîtra pas l'obligation de rembourser le prix, faute de cause.

La rescision, quand elle est prononcée, opère tous les effets d'une véritable nullité; au contraire les parties peuvent convenir que l'obligation sera résolue, mais que les effets qu'elle aura produits subsisteront. La rescision n'a jamais lieu de plein droit; il en est autrement de la résolution, du moins quand la loi n'a pas dit le contraire, et à l'exception de la résolution tacite.

SECTION Ire.

De la nullité de la vente.

Indépendamment des causes de nullité communes à tous les contrats, il y a nullité proprement dite de la vente lorsque la chose sur laquelle porte le contrat ne pouvait pas en être l'objet, soit parce qu'elle n'est pas dans le commerce, soit parce que des lois particulières en ont prohibé l'aliénation.

En général les biens qui appartiennent à des particuliers sont dans le commerce; mais ceux qui n'appartiennent pas à des particuliers ne sont pas par cela même hors du commerce; seulement ils sont soumis à des règles particulières quant à leur administration ou à leur disposition. Parmi ces biens il en est qui sont affectés à un service public, de sorte qu'ils ne peuvent changer de maître sans changer de destination ou de nature; ceux-là ne sont pas susceptibles d'être aliénés: mais ils changent de nature dès que la cause qui les tenait hors du commerce a cessé; ils cessent alors d'être aliénables.

La vente d'une chose qui est hors du commerce, telle qu'une église, une place publique, un emploi public, est nulle, soit que les deux parties aient connu la nature de la chose, soit que toutes deux l'aient ignorée. Si l'acheteur seul était dans l'erreur, il peut agir *ex empto*, à l'effet d'obtenir des dommages-intérêts pour avoir été trompé.

Il y a beaucoup de choses dont les lois de police défendent le commerce, telles sont les boissons falsifiées, les poisons, les armes prohibées, les pamphlets, gravures contraires aux bonnes mœurs et à l'ordre public.

La loi considère comme hors du commerce, à l'égard de chacun en particulier, la chose qui ne lui appartient pas : elle déclare *nulle* la vente de la chose d'autrui (art. 1599), principe tout-à-fait contraire à ceux du droit romain, qui ne confondait pas la vente et l'aliénation. Néanmoins l'acheteur de bonne foi peut exercer l'action *empti* pour obtenir des dommages-intérêts.

Sont aussi hors du commerce, 1° l'immeuble dotal, sauf les cas d'exception déterminés par la loi; 2° les biens immeubles ou meubles immobilisés, érigés en majorat.

Un droit quelconque, une simple espérance peuvent être l'objet d'un contrat de vente; mais la vente de la succession d'une personne vivante est nulle, lors même que cette personne y aurait consenti (art. 1600); cette nullité est fondée sur des motifs de morale et d'ordre public.

Le contrat de vente ne pouvant subsister sans une chose qui en soit l'objet, si la chose que l'on a voulu vendre avait cessé d'exister au moment de la convention, cette convention serait nulle (art. 1601). Mais si le vendeur avait eu connaissance de la perte, il serait tenu de dommages-intérêts. Si la chose vendue n'avait péri que pour partie, sans distinguer quelle est la portion qui a été conservée, la loi accorde à l'acheteur le choix ou de faire résilier la vente, ou de demander ce qui reste de la chose vendue, en en faisant déterminer le prix par ventilation.

Si l'acheteur avait été de mauvaise foi et le vendeur de bonne foi, il nous semble que le choix devrait appartenir au vendeur.

SECTION II.

De la rescision de la vente.

La vente peut, comme tous les autres contrats, être rescindée pour cause ne violence, de dol, de minorité ou d'erreur, pourvu qu'elle porte sur la cause ou l'objet du contrat, et non sur le motif seulement. La loi ne revient pas sur ces causes de rescision ; mais elle requiert pour la validité de la vente des qualités spéciales dans les personnes qui veulent acheter et vendre ; la vente peut donc être rescindée pour incapacité des parties contractantes, bien qu'elles soient majeures ; elle peut l'être en outre pour lésion énorme, même entre majeurs.

§ Ier. *De la rescision pour incapacité des parties.*

A l'égard des personnes, la règle générale est que toutes sont capables d'acheter et de vendre, si la loi n'a pas dit le contraire. Les motifs d'incapacité peuvent exister de la part du vendeur, de la part de l'acheteur, de la part des deux ensemble.

I. Le failli est dessaisi de plein droit de l'administration de ses biens ; il ne peut les aliéner, et ses créanciers ont le droit de faire rescinder les aliénations, à titre onéreux, qu'il a faites même antérieurement à l'ouverture de la faillite, s'ils prouvent qu'elles ont été faites en fraude de leurs droits (C. comm., art. 442 et 444).

II. Pour prévenir les inconvéniens qui résultent toujours de l'opposition des intérêts avec les devoirs, la loi déclare les tuteurs, mandataires, administrateurs et fonctionnaires publics, par le ministère desquels se font les ventes de biens nationaux, incapables d'acheter les biens qu'ils sont chargés de vendre pour leurs administrés, commettans et pupilles. La prohibition s'étend même aux adjudications publiques : elle ne peut être éludée à l'aide de personnes interposées, et a lieu à peine de nullité de la vente qui s'en serait suivie (1596). Cette nullité, comme toutes celles qui ne sont que relatives, doit être prononcée ; elle ne peut pas être demandée par l'adjudicataire lui-même et en son nom (1125), mais elle peut l'être par lui en sa qualité de tuteur ou administrateur. Il n'est pas nécessaire au reste que le jugement d'adjudication soit attaqué par la voie de l'appel, il suffit que l'action en rescision soit intentée dans les dix ans (1304).

Le saisi réellement, les personnes notoirement insolvables, les membres du tribunal où se poursuit la vente, ne peuvent se rendre adjudicataires de l'immeuble saisi à peine de nullité, et de dommages-intérêts contre l'avoué qui y aurait enchéri pour eux. (C. pr., 713.)

Une autre incapacité d'acheter résulte de la prohibition portée par l'art. 1597 contre les magistrats et officiers attachés aux tribunaux, défenseurs officieux et notaires, de se rendre cessionnaires de procès, droits et actions litigieux, de la compétence du tribunal dans le ressort duquel ils exercent leurs fonctions. La nullité que prononce cet article peut être invoquée par le cédant et par le débiteur cédé, qui, dans ce cas, se trouvent dans le même état qu'avant la cession, à la différence de ce que disposaient les anciennes ordonnances sur cette matière.

III. Il ne peut y avoir de vente entre époux, et cette incapacité de vendre se rattache à deux causes : 1° les époux sont incapables de s'avantager irrévocablement, et la vente pourrait couvrir des avantages irrévocables; 2° ils sont à l'égard l'un de l'autre dans un état de dépendance qui peut empêcher la vente d'être libre. La loi permet seulement, dans trois circonstances, la dation en paiement, contrat qui équipolle à vente, mais qui en diffère sous quelques rapports. Hors les trois cas prévus par l'art. 1595, dans lesquels le contrat est fondé sur une juste cause, la vente faite entre époux est nulle; il suffit que la nullité en soit demandée pour qu'elle doive être prononcée. Au reste, elle peut être demandée par tout héritier, à réserve ou non, par l'époux lui-même et par ses créanciers.

§ II. De la rescision pour cause de lésion.

La lésion est un tort, un préjudice que l'on éprouve dans un contrat, dans une convention quelconque. C'est toujours une cause de rescision pour les incapables : c'en est une aussi pour les capables, mais seulement en deux cas, dans le partage et dans le contrat de vente. Cette cause de rescision est admise pour les partages, parce que l'égalité parfaite doit être l'objet et le résultat de ces actes.

On donne communément pour raison de l'admission de la lésion comme moyen de rescinder la vente, que ce contrat est absolument commutatif, et que chacune des parties n'entend livrer ce qu'elle s'engage à livrer que pour en recevoir l'équivalent; d'où l'on conclut que le contrat est vicieux et doit être rescindé comme tel, si l'une des parties éprouve une lésion énorme en ne recevant pas à beaucoup près l'équivalent de ce qu'elle donne. Aussi Dumoulin, Pothier et plusieurs autres jurisconsultes qui donnent cette raison comme principale, décident-ils que l'action rescisoire doit appartenir à l'acheteur aussi bien qu'au vendeur. Cujas et Automne *ad leg. 2, C. de rescind. vend.,* pensent le contraire. En effet, dans l'ancien droit romain le contrat de vente une fois consommé ne pouvait être attaqué ni par le vendeur ni par l'acheteur; et lorsque les Empereurs Dioclétien et Maximien introduisirent cette cause de rescision, ils ne le firent qu'en faveur du vendeur ; l'acheteur demeura soumis à la règle générale. *Rem majoris pretii si tu vel pater tuus distraxerit,* dit la loi précitée, *humanum est ut, vel pretium te restituente emptoribus, fundum venumdatum recipias auctoritate judicis intercedente, vel si emptor elegerit, quod deest justo pretio, recipias.*

Le Code civil, en rétablissant l'action rescisoire, pour cause de lésion, qui avait été supprimée par la loi du 14 fructidor an III, a adopté les principes de la loi romaine ; mais il ne répute la lésion énorme qu'autant qu'elle est de plus des sept douzièmes du prix de l'immeuble vendu. Il n'admet cette action que quand il s'agit de la vente d'immeubles, et il ne l'accorde qu'au vendeur ; car souvent un propriétaire est forcé de vendre par la nécessité de se procurer de l'argent, tandis que rien ne force l'acheteur à acheter ; et, pour prévenir toute raison de douter sur le véritable sens de sa disposition, la loi ajoute, art. 1683, que la rescision pour lésion n'a pas lieu en faveur de l'acheteur.

Le vendeur peut demander la rescision de la vente, lors même qu'il a expressément renoncé dans le contrat à l'exercice de ce droit, ou qu'il a déclaré donner la plus value. Mais dès que le contrat de vente est parfait, le vendeur peut faire donation de la plus value, ou renoncer à l'action en rescision ; cette ratification le rend non recevable à faire rescinder le contrat, pourvu qu'elle soit telle que l'exige l'art. 1338, et que d'ailleurs elle ne lui ait pas été arrachée par dol, fraude ou violence.

Le Législateur, toujours en garde contre ce qui pourrait jeter de l'incertitude sur les propriétés, et troubler l'ordre public, n'accorde pour l'exercice de l'action en rescision que deux années à compter du jour de la vente. Ce délai est de rigueur : il court, dit l'art. 1676, contre les femmes mariées, et contre les absens, les interdits et les mineurs venant du chef d'un majeur ; et si la vente est faite à réméré, il court pendant le tems stipulé pour l'exercice du réméré.

Il ne courrait pas contre l'interdit qui aurait vendu depuis son interdiction, ni contre le mineur qui aurait vendu lui-même, ni lorsque à l'égard de l'un ou de l'autre, puisqu'ils sont assimilés, la vente aurait été faite avec ou sans les formalités requises. Dans les deux premiers cas, la vente est annullable pour cause d'incapacité, et l'action dure dix ans à partir de la majorité ou de la main-levée de l'interdiction. Dans le quatrième cas, la vente est également nulle. Le motif qui a fait refuser l'action en rescision au mineur réputé majeur dans le troisième cas, se trouve dans l'art. 1684.

La rescision pour cause de lésion n'est pas admise dans les ventes faites en justice, qui, d'après la loi, ne pouvaient pas être faites autrement. La foi publique, sous laquelle se font ces ventes, doit les rendre inattaquables.

Sous les anciens principes, il fallait pour intenter cette action obtenir en chancellerie des lettres de rescision ; elle s'intente aujourd'hui de la même manière que les autres ; mais la preuve de la lésion doit être admise par un jugement, et les juges ne doivent l'accorder qu'autant que les faits articulés par le demandeur sont de nature à rendre la lésion vraisemblable.

Cette preuve ne peut être faite que par un rapport de trois experts. Ils doivent être nommés en même tems, soit par les parties, si elles peuvent s'accorder, soit d'office par le tribunal (art. 1680) : néanmoins si les parties consentent à ne nommer qu'un seul expert, l'art. 303 du Code de procédure, postérieur au Code civil, doit recevoir son application. Les experts sont tenus de ne dresser qu'un seul procès-verbal et de ne former qu'un seul avis à la pluralité des voix. Cependant s'il y a des opinions différentes, le procès-verbal doit indiquer les motifs de chacune, mais sans désigner ceux qui les ont émises. Pour savoir s'il y a lésion de plus des sept douzièmes, il ne faut avoir aucun égard à l'état ni à la valeur actuelle du bien, mais s'attacher seulement à celle qu'il avait au moment de la vente.

Il est clair que l'acheteur dont le titre est exposé à une action rescisoire ne peut transmettre qu'un droit également sujet à rescision; par conséquent le vendeur peut, en fesant rescinder la vente, intenter l'action en revendication contre le tiers acquéreur qui doit remplir les mêmes obligations ; et a les mêmes droits que son vendeur, sauf son recours contre celui-ci à raison de l'éviction.

L'acheteur, contre lequel la rescision a été admise, a deux partis à prendre : il peut ou restituer la chose ou fournir le supplément du juste prix. Mais il faut bien remarquer qu'un seul est *in obligatione*, celui de restituer la chose : l'avantage de pouvoir la conserver en fournissant le supplément du juste prix n'est que *in facultate solutionis*. L'action qui compète au vendeur d'un immeuble, dans le cas où il est lésé, a pour but de faire rescinder le contrat et de procurer un immeuble, et non une somme d'argent; c'est une action immobilière bien que personnelle.

Lorsqu'il préfère garder la chose en fournissant le supplément, il ne suffit pas qu'il élève le prix au-dessus des cinq douzièmes; mais comme la vente est un acte de commerce, dans lequel chacune des parties cherche à gagner, la loi n'oblige l'acheteur à compléter le juste prix que sous la déduction d'un dixième du prix total. Il doit payer en outre les intérêts du supplément de prix du jour de la demande en rescision, et cela, sans distinguer s'il est de bonne ou de mauvaise foi. S'il préfère rendre la chose, il rend aussi les fruits du jour de la demande, et il a le droit de répéter le prix qu'il a payé avec les intérêts , qui lui sont également dûs du jour de la demande ; ils lui sont dûs du jour du paiement s'il n'a perçu aucuns fruits.

Le vendeur n'est pas tenu de rendre l'acheteur absolument indemne de tout tort; il suffit qu'il ne retienne rien, qu'il ne s'enrichisse point aux dépens de son adversaire ; ainsi la loi n'exige pas le remboursement des frais et loyaux coûts du contrat.

L'action en rescision est divisible : s'il y a plusieurs vendeurs, ou si un vendeur a laissé plusieurs héritiers, chacun d'eux ne peut faire rescinder le contrat que pour la portion qui lui appartient. Mais si l'acheteur croit qu'il est contraire à ses intérêts de conserver des portions indivises, il peut faire rejeter la demande si tous les covendeurs ou cohéritiers ne s'entendent pas pour exercer l'action ensemble, à moins que chacun des vendeurs n'eût vendu séparément la part qu'il avait dans l'immeuble.

Si l'acheteur a laissé plusieurs héritiers, l'action doit être intentée contre tous, si l'immeuble est indivis; mais si le partage étant fait, l'héritage est tombé au lot d'un seul, l'action en rescision peut être intentée contre lui seulement, sauf son recours en garantie contre ses cohéritiers.

Section III.

De la résolution de la vente.

La résolution de la vente peut avoir lieu pour inexécution des conventions, ou en vertu d'une clause résolutoire insérée dans le contrat par les parties. Ces clauses sont apposées en faveur du vendeur ou en faveur de l'acheteur : les plus ordinaires sont le pacte de rachat, le pacte commissoire; mais comme ce dernier pacte ne reçoit son exécution qu'autant qu'une des conditions de la vente n'a pas été remplie, nous en parlerons en même temps que de la résolution pour inexécution des conventions.

§ Ier. De la résolution de la vente pour inexécution des conventions.

Cette résolution a son principe dans l'art. 1184 : « La condition résolutoire est toujours sous-entendue dans les contrats synallagmatiques pour le cas où l'une des parties ne satisfera point à son engagement. » Elle n'a jamais lieu de plein droit; il faut qu'elle soit prononcée par un jugement.

I. Une des principales obligations du vendeur est de délivrer la chose qu'il a vendue : s'il manque à faire la délivrance dans le temps convenu, l'acquéreur peut demander la résolution de la vente (art. 1610); et il n'est pas même nécessaire que le retard ne vienne absolument que du fait du vendeur; il suffit que la cause qui a occasioné le retard puisse lui être imputée.

L'acquéreur peut faire résilier la vente, si mieux il n'aime payer un supplément de prix, lorsqu'il a acheté un immeuble à tant la mesure, et que la contenance réelle excède d'un vingtième celle déclarée au contrat. Il a la même faculté, à moins de stipulation contraire, quand la vente étant faite pour un seul prix, l'excédant de la contenance réelle sur celle déclarée se trouve augmenter d'un vingtième au moins la valeur de la totalité des objets vendus. Dans ces deux cas, comme l'action en résiliation, comme l'action en supplément qui compète au vendeur, doit être intentée dans l'année à compter du jour du contrat, à peine de déchéance (art. 1618 à 1622).

L'acquéreur peut encore faire résilier la vente 1° s'il est évincé d'une partie, soit indivise, soit intégrante de la chose vendue, et qu'elle soit de telle importance qu'il y ait lieu de présumer que sans cette partie il n'aurait pas voulu acheter le surplus : 2° si l'héritage vendu se trouve grevé de servitudes non apparentes et non déclarées et tellement importantes, que vraisemblement il n'aurait pas acheté s'il avait cônu ces charges.

Enfin la résolution de la vente peut être prononcée sur la demande de l'acheteur, pour vices redhibitoires, c'est-à-dire, lorsque la chose vendue a des défauts cachés de telle nature qu'ils rendent impossible, ou presque inutile, ou même nuisible l'usage auquel on la destinait, pourvu que ces vices n'aient pas été connus de l'acheteur, et qu'ils n'aient été exceptés de l'obligation de garantie par aucune clause particulière. Lorsque plusieurs choses ont été vendues ensemble, et qu'une seule a des vices redhibitoires, le contrat sera résolu si cette chose est l'objet principal de la vente, ou si n'étant même qu'accessoire, elle se trouve comprise dans la vente d'une manière spéciale ; mais si elle est comprise dans une universalité, le vice donnera bien lieu à l'action en garantie, mais non pas à l'action redhibitoire.

Dans tous ces cas de résolution, pour excédent de contenance, pour éviction, pour vices redhibitoires, l'acheteur doit être rendu absolument indemne de tout préjudice que peut lui occasionner le contrat ; et néanmoins, suivant les circonstances et la nature des prestations réclamées, il faut avoir égard à la bonne ou mauvaise foi des parties.

II. La résolution de la vente peut être prononcée pour inexécution des conventions de la part de l'acheteur, lorsque celui-ci manque à remplir les engagemens qui naissent de la nature du contrat, savoir : 1° celui de payer le prix ; 2° celui d'enlever la chose vendue.

Si l'acheteur ne paye pas le prix aux lieu et terme convenus, et à défaut de convention, déterminés par la loi, le vendeur peut demander la résolution de la vente qui doit être prononcée de suite s'il est en danger de perdre la chose et le prix. Si ce danger n'existe pas, le juge peut, d'après le principe établi en l'art. 1184, accorder à l'acheteur un délai suivant les circonstances ; mais si l'acheteur laisse passer ce délai sans payer le prix, la résolution doit être prononcée (art. 1655). Cependant par le premier jugement le tribunal pourrait dire que faute par l'acquéreur de payer dans le terme qui lui est accordé, la vente sera résolue par ledit jugement, sans qu'il soit besoin d'autre.

On est dans l'usage d'insérer dans les contrats de vente une clause par laquelle les parties conviennent que si le prix n'est pas payé dans tel délai, le contrat sera résolu de plein droit ; cette clause s'appelle *pacte commissoire*.

A la différence de ce qui se passait dans le droit romain, le défaut de paiement dans le temps fixé par le pacte n'opère pas de plein droit la résolution du contrat : l'acquéreur peut payer après l'expiration du délai, tant qu'il n'a pas été mis en demeure par une sommation (art. 1656) ; il en était de même sous l'ancienne jurisprudence. Mais après la sommation l'acquéreur ne peut plus, comme dans l'ancien droit, empêcher la résolution de la vente par des offres : c'est la sommation qui l'a opérée ; le tribunal ne peut plus accorder de délai, et le jugement qui intervient n'est que déclaratif du fait de la résolution. Cependant les parties pourraient convenir que la vente serait résolue par la seule expiration du terme, sans qu'il soit besoin de sommation, et cette convention serait licite ; car la loi n'établit ici qu'une règle d'interprétation et non un principe d'ordre public.

Le pacte commissoire est toujours fait en faveur du vendeur, et n'acquiert de droit qu'à lui : il peut à son gré, depuis l'expiration du temps fixé par le pacte, poursuivre l'acheteur pour le paiement du prix, ou demander la résolution de la vente. Si après la sommation le vendeur a réclamé le prix, et que les poursuites aient été inutiles, il peut les abandonner et conclure à la résolution du contrat. Que s'il a commencé par demander la résolution de la vente, il ne serait plus recevable à demander le paiement du prix si l'acheteur avait acquiescé à la demande en résolution; mais lorsque le défendeur n'a pas acquiescé aux conclusions du demandeur, celui-ci peut toujours se désister d'une action qu'il a intentée, et il n'est pas douteux qu'en pareil cas le vendeur ne puisse demander l'exécution du contrat.

La résolution de la vente peut être invoquée contre les tiers; car l'acheteur ne peut pas transmettre plus de droits qu'il n'en a lui-même. L'action qui naît du pacte commissoire est une action personnelle : mais celle par laquelle on poursuit les tiers-détenteurs est l'action réelle en revendication par laquelle le demandeur soutient qu'il est propriétaire. Ces deux actions peuvent être intentées en même temps, et par le même acte introductif d'instance : l'une n'est qu'un effet de l'autre.

Lorsqu'il s'agit de denrées et d'effets mobiliers, la résolution de la vente a lieu de plein droit et sans qu'il y ait besoin de sommation, faute par l'acheteur de retirer les objets vendus dans le délai convenu. S'il n'a pas été fixé de délai, la résolution ne peut résulter que de la sentence.

§ II. *De la faculté de rachat.*

Les parties peuvent faire dépendre la résolution de la vente de tout évènement (art. 1584). La faculté de *rachat* ou *réméré* n'est autre chose qu'une condition résolutoire. C'est un pacte par lequel le vendeur se réserve le droit de reprendre la chose vendue, moyennant la restitution du prix et certaines prestations (art. 1659).

I. Il faut que ce droit soit établi au moment même de la vente, et que la clause soit insérée dans le contrat. La convention que l'on ferait après la vente, de céder l'héritage vendu au vendeur, si tel évènement arrive, serait une revente conditionnelle, un véritable rachat, et non la convention improprement appelée rachat, dont il est question ici; tout ce qui aurait été fait par l'acheteur dans l'intervalle de l'acquisition à la nouvelle convention serait valable comme fait par un propriétaire incommutable.

Dans la crainte de laisser les propriétés trop long-temps incertaines, le Législateur a réduit à cinq années le délai dans lequel on peut exercer la faculté de rachat qui était de trente ans sous les anciens principes. On peut stipuler un délai moindre de cinq ans; mais s'il est plus long il doit être réduit à ce terme.

Le terme fixé soit par la loi, soit par la convention est de rigueur, et ne peut être prorogé par le juge.

La seule expiration du terme prescrit sans que le vendeur ait exercé son action en réméré suffit pour le faire décheoir de cette faculté, et l'acheteur demeure propriétaire ir-révocable. Cette déchéance est encourue même, par les incapables, sauf toutefois leur recours contre les personnes chargées de veiller à leurs intérêts, s'il y a lieu.

L'action de réméré naît du contrat de vente, et est personnelle ; mais la résolution s'applique à la chose même ; le vendeur n'ayant aliéné son héritage qu'à la condition d'en recouvrer la propriété dès qu'il le voudra, s'il intente l'action en réméré, la vente est résolue, et il peut dès lors réclamer la chose contre le tiers acquéreur, lors même que dans le contrat fait avec celui-ci, on n'aurait pas fait mention de la faculté de réméré. L'acheteur n'ayant acquis qu'un droit résoluble, n'a pu transmettre qu'un droit également résoluble.

Par la vente à charge de réméré, comme pour toute autre, le vendeur transfère à l'acheteur tous les droits qu'il a sur la chose : l'acheteur devient propriétaire si le ven-deur l'était, et tant que la condition résolutoire n'est pas accomplie, il est traité comme vrai propriétaire ; que si le vendeur ne l'était pas, l'acheteur est *in causa usucapiendi* ; il peut prescrire tant contre le véritable maître que contre ceux qui prétendraient des droits ou hypothèques sur l'héritage vendu.

L'acquéreur peut, comme un acquéreur ordinaire, s'opposer à la saisie de l'héritage hypothéqué qui lui a été transmis, en obligeant les créanciers à discuter les autres biens du vendeur.

Le droit d'exercer le rachat n'est pas un droit attaché à la personne, il peut être cédé ; il fait partie des biens du vendeur, et conséquemment les créanciers de celui-ci peuvent l'exercer en vertu de l'art. 1166 ; dans ce cas, l'acheteur peut encore opposer le béné-fice de discussion.

II. En général, le vendeur à pacte de rachat ne peut retraire que le bien qu'il a vendu, et ne peut être forcé à retirer autre chose ; mais lorsque la chose vendue est une part indivise, et que l'acheteur, contraint de liciter, s'est rendu adjudica-taire sur la licitation, le vendeur peut être forcé de retirer le tout s'il veut exercer le réméré (art. 1667). Cette disposition ne doit pas s'appliquer lorsque c'est l'ache-teur qui a provoqué la licitation, parce qu'il pouvait, en restant dans l'indivision, con-server la part qu'il avait achetée : il rendra cette même part en demeurant copropriétaire par indivis avec son vendeur.

Quand l'acheteur ne s'est pas rendu adjudicataire sur la licitation provoquée contre lui, il faut distinguer si l'héritage a été adjugé à un copropriétaire ou à un étranger ; si c'est à un étranger, le vendeur a le droit d'exercer le réméré contre lui, car cet adjudicataire est un véritable acheteur qui n'a pu acquérir plus de droits que n'en avait son vendeur. Si l'adjudication a été faite au profit d'un colicitant, celui-ci n'est point l'ayant cause de son copropriétaire ou cohéritier ; il est censé avoir toujours été seul propriétaire. Le vendeur ne peut alors exercer le réméré que contre son acheteur qui devra rendre tout ce qui reste de la chose, c'est-à-dire, le prix qu'il a reçu de son colicitant, déduction faite des prestations que lui doit le vendeur.

Si plusieurs copropriétaires ont vendu à réméré soit séparément, soit conjointement, l'héritage qui leur appartenait en commun, ou si un propriétaire a vendu seul, et que venant à décéder il ait laissé plusieurs héritiers, chacun des covendeurs ou cohéritiers, ne peut exercer l'action en réméré que pour sa part.

Mais quand l'acheteur a acquis d'une seule personne ou de plusieurs copropriétaires conjointement, il peut n'avoir voulu acquérir qu'un droit indivisible, avoir voulu conserver le tout ou perdre le tout en recevant son prix intégral. Alors malgré la divisibilité de l'action, l'acheteur peut refuser de restituer le bien pour partie, et exiger que les autres cohéritiers ou covendeurs soient mis en cause pour se concilier à l'effet de retraire la totalité. Que s'ils ne se concilient pas, l'acheteur doit être renvoyé de la demande.

La divisibilité de l'action s'applique également au cas où plusieurs personnes ont acquis ensemble, et au cas où l'acheteur a laissé plusieurs héritiers. Si le partage n'a pas encore eu lieu, ou si la chose a été partagée entr'eux, le vendeur ne peut agir contre chacun que pour sa part. S'il y a eu partage ou licitation, le vendeur peut exercer l'action en réméré contre l'héritier qui possède effectivement la chose vendue.

III. L'exercice de la faculté de rachat étant résolutoire de la vente, chaque partie doit être remise au même état que si le contrat n'avait jamais eu lieu. Le vendeur reprend son héritage libre de toutes charges et hypothèques, dont il a pu être grevé par l'acquéreur ou ses ayant-cause, et néanmoins les baux qui ont été faits sans fraude doivent être maintenus. Il doit rembourser à l'acheteur le prix principal, les frais et loyaux coûts du contrat.

A l'égard des impenses que l'acheteur a faites sur l'héritage, il faut distinguer les impenses nécessaires, celles utiles, et celles qui ne sont que de pur agrément ou voluptuaires. Les impenses nécessaires doivent êtr:e payées en. totalité même qu'elles ne subsisteraient plus au moment du rachat. Le vendeur doit faire raison des impenses utiles jusqu'à concurrence de la valeur dont elles augmentent le fonds; quant aux impenses voluptuaires, qui n'augmentent en rien le prix de l'héritage, elles ne sont pas dues.

Ce n'est que lorsqu'il a satisfait à toutes ces obligations que le vendeur peut rentrer en possession de l'héritage; l'acheteur a donc un droit de rétention. Mais la loi qui a défendu au juge d'accorder un délai pour interrompre la prescription, ne lui ôte pas le pouvoir d'en accorder un pour permettre au vendeur de remplir ses obligations.

Au reste, les prestations dont il a été parlé ne doivent être fournies que sous la déduction des dégradations de l'héritage qui proviennent du fait ou de la faute de l'acheteur.

Les parties ne se doivent pas raison des intérêts du prix et des fruits de l'immeuble, parce qu'ils se compensent réciproquement.

CHAPITRE II.

Section I.

Des ventes forcées.

Il y a vente forcée lorsque les créanciers d'une personne ayant saisi les biens qui lui appartiennent, les font vendre en justice. La loi s'occupe de ces ventes au Code civil, tit. *de l'expropriation forcée*, et au Code de procédure, *de la saisie-exécution, de la saisie-immobilière, etc.*

Une vente est encore forcée lorsque l'obligation de vendre a été contractée avant que le contrat de vente ait eu lieu. Je n'entends pas parler ici de la promesse de vendre qui, d'après le Code civil, art. 1589, vaut vente : aussi, en pareil cas, ce n'est pas à vendre que l'on devra condamner celui qui a fait la promesse, mais à livrer la chose en recevant le prix convenu. Mais une personne contracte l'obligation de vendre lorsqu'elle accepte une hérédité ou un legs, en vertu d'un testament qui lui ordonne de vendre à un autre une certaine chose dépendant de la succession ou appartenant à l'héritier ou légataire. Ce dernier pourra alors être forcé de vendre au prix porté par le testament, ou si le testateur n'en a pas fixé, au prix qui sera déterminé par experts (l. 49, § 8. 1° ff. *de legatis.*)

Il peut y avoir vente forcée pour cause de nécessité ou d'utilité publique.

Enfin la licitation ou vente aux enchères à laquelle des co-propriétaires d'une chose par indivis peuvent être contraints l'un par l'autre, afin d'en partager le prix, est aussi une vente forcée.

§ Ier. De la vente pour cause d'utilité publique.

La propriété est un des droits les plus sacrés de l'homme qui vit dans l'état social. Nul ne peut être dépouillé de sa propriété sans un acte de sa volonté : « toutes les propriétés sont inviolables » porte l'article 9 de la Charte Constitutionnelle.

Mais dans tous les tems, chez tous les peuples qui ont admis ces principes, on a reconnu à l'État le droit de s'emparer de la propriété d'un particulier pour des motifs d'intérêt général, en en payant le juste prix. On en voit des exemples dans les lois des peuples les plus anciens, comme dans les lois et usages de l'ancienne France.

Cette règle a été consacrée dans la nouvelle législation par l'art. 545 du Code civil, dont la disposition est répétée et modifiée par l'art. 10 de la Charte Constitutionnelle. L'état peut exiger le sacrifice d'une propriété privée à deux conditions : 1° qu'il y ait une cause d'intérêt public légalement constatée ; 2° que le propriétaire reçoive une juste et préalable indemnité.

La loi du 8 mars 1810 détermine les formes suivant lesquelles l'utilité doit être constatée, les mesures à prendre pour arriver à la preuve de la nécessité d'exproprier, la procédure d'expropriation, les indemnités qui sont dues aux propriétaires, locataires, ou usufruitiers, et le mode de paiement.

Les art. 19 et 20 de cette loi permettaient de déposséder le propriétaire avant le paiement de l'indemnité qui lui est dûe. Mais cette atteinte au droit de propriété a été réparée par l'art. 10 de la Charte Constitutionnelle, qui veut que l'indemnité soit préalable.

§ I. De la licitation.

Le mot *licitation*, du latin *liceri*, signifie, dans son acception primitive, toute vente aux enchères. Cette signification a été modifiée dans le droit français : on entend par licitation la mise aux enchères d'un bien appartenant à plusieurs cohéritiers ou copropriétaires et dont le prix doit être partagé entre eux.

En consacrant les principes de la licitation, le législateur a dû craindre de détruire l'une ou l'autre de ces règles également certaines et de toute équité; 1° que nul ne peut être tenu de convertir ses immeubles en argent, ou son argent en immeubles (l. 11, C. *de contrah. empt.*); 2° que nul ne peut être tenu de rester dans l'indivision (l. 5, *communi dividund*, C. c. 85) : ne pouvant les concilier, il fait céder tantôt l'une, tantôt l'autre, mais toujours celle dont le sacrifice entraîne, suivant les cas, le moins d'inconvéniens.

La licitation ne doit avoir lieu que lorsqu'une chose commune à plusieurs ne peut être partagée commodément et sans perte (art. 1686, 827). Mais si une universalité est composée de biens dont chacun a été déclaré impartageable, et que cependant la totalité puisse être partagée, en ce sens que l'un peut être compris dans un lot, en comprenant dans l'autre un bien de même nature et de valeur à-peu-près égale, alors ils ne peuvent pas être licités (C. pr. 974). Toutefois, ni dans un partage fait de gré à gré, c'est-à-dire lorsque les parties sont capables, il se trouve un héritage qui, ne pouvant être commodément partagé, pourrait être compris dans un lot pour être tiré au sort, et que tous les co-partageans s'accordent à ne point le prendre, la licitation peut avoir lieu.

En général, la licitation ne doit avoir lieu qu'entre les co-propriétaires, parce que ce n'est qu'un mode de partage; mais chacun des co-licitans peut demander que les étrangers soient admis à surenchérir. La loi les appelle de droit quand il y a des mineurs, des interdits ou autres incapables.

On constate que les héritages communs ne peuvent être partagés sans perte, au moyen d'une expertise faite suivant les formalités prescrites par le Code de procédure pour les rapports d'experts.

Les experts sont nommés par les parties elles-mêmes, si elles sont toutes majeures, et s'entendent ; sinon par le tribunal qui doit ordonner en même tems pour le cas où les biens seraient partageables, le partage, et commettre un juge pour y présider ; et pour le cas où ils ne seraient pas partageables, la vente par licitation.

La vente se fait après que le rapport estimatif a été entériné, soit devant un notaire dont les parties ont pu convenir si elles étaient toutes majeures (art. 827), sinon devant le notaire ou le juge commis par le jugement qui a prononcé sur la demande en partage ou licitation (C. pr. 972.)

Les effets de la licitation diffèrent suivant que l'adjudication qui la suit, est au profit d'un co-licitant ou d'un étranger : dans le premier cas, elle n'est point translative, mais seulement déclarative de droits ; l'adjudicataire est censé avoir hérité seul et immédiatement de tous les biens qui lui sont échus, ou en avoir été dès le principe seul légataire, donataire ou acheteur ; dans le second, la licitation est un véritable contrat de vente.

Section II.

De la vente des biens incorporels.

Les biens incorporels, ou autrement les droits, sont dans le commerce et peuvent par conséquent faire l'objet d'un contrat de vente. Cette vente ne diffère pas de celle des choses corporelles. Le vendeur contracte les deux obligations principales de faire avoir le droit qu'il vend et de le garantir.

§ Ier. Du transport des créances, droits et actions sur un tiers.

Le transport ou la cession est un contrat par lequel on fait passer une créance, un droit, une action d'une personne à une autre.

Ce contrat n'avait pas lieu dans le droit romain. On ne concevait pas sous cette législation, la possibilité de transporter à un autre un droit de créance qui était inhérent à la personne du vendeur ; on ne pouvait que céder l'action, ou plutôt ce qui devait provenir de l'action. Le vendeur était alors tenu, par l'action *empti*, de donner à l'acheteur le pouvoir d'exercer son action contre son débiteur ; le cessionnaire agissait *procuratorio nomine*, mais à ses risques et pour son compte, et comme par l'effet de la convention il devait retenir ce qui proviendrait de l'action qu'il exerçait, il devenait réellement *procurator in rem suam*. On n'accorda jamais l'action directe à l'acheteur, mais on finit par lui accorder une action utile (L. 7 et 8. C. *de act. vend.*) sans qu'il fût besoin de mandat, et on refusa au vendeur l'effet de l'action directe qu'il pouvait demander. De là notre ancien droit a tiré la disposition qui permettait de céder et transporter les créances soit à titre gratuit, soit à titre onéreux et cette disposition a passé dans le Code.

La vente qui s'opère par le transport est, comme toute autre, parfaite par le consentement des parties sur la chose et sur le prix ; comme en toute autre, le vendeur s'oblige à livrer, et à faire avoir la propriété.

La délivrance s'opère par la remise du titre (art. 1689) lorsqu'il en existe, mais s'il n'y a pas de titre écrit, par exemple, s'il s'agit d'une créance au-dessous de 150 francs, il est évident que le cédant sera libéré de l'obligation de délivrer, par l'usage que l'acquéreur fera du droit, du consentement du vendeur (art. 1607).

Mais le cessionnaire n'est saisi à l'égard des tiers qu'au moyen d'une signification du transport faite au débiteur (art. 1690). Cette disposition tirée de l'art. 108 de la coutume de Paris, est toute particulière au droit français et n'était pas connue dans les principes du droit romain.

La signification peut être remplacée par l'acceptation du débiteur, pourvu qu'elle ait lieu dans un acte authentique.

Exceptions à la règle établie par l'art. 1690 : 1° les actions établies sous la forme d'un titre au porteur, se transfèrent par la simple tradition du titre (C. comm. 35); 2° la propriété de la lettre de change et des billets à ordre se transmet à l'égard de tous par la voie de l'endossement (C. comm. 136 et 187); 3° les rentes sur l'état, 4° les actions de la Banque de France se transmettent aussi sans signification par un simple transfert sur les registres de la banque ou de la trésorerie (décr. des 13 therm. an XIII, et 16 janvier 1808).

Si depuis la cession, mais avant la signification ou l'acceptation, le débiteur avait payé entre les mains du créancier, il serait valablement libéré. Si un créancier du cédant fesait opposition entre les mains du débiteur avant la signification ou l'acceptation du transport, il devrait être traité comme si le transport n'avait pas eu lieu.

La garantie de la paisible possession et des vices redhibitoires à laquelle le vendeur s'oblige en général dans les ventes des choses corporelles, s'applique à la vente des créances et autres droits. On peut considérer comme vices redhibitoires en cette matière, les causes de rescision de la créance.

L'obligation du vendeur se borne, en droit commun, à la garantie de l'existence de la créance au moment du transport, et cette garantie embrasse le cas de rescision ; car dès que la créance est rescindée il est vrai de dire qu'elle n'existait pas au jour où elle a été cédée. Cette obligation a toujours lieu, lors même que le vendeur n'aurait pas dit qu'il sera garant et quand même il aurait déclaré qu'il vend sans garantie. Et néanmoins, quand la garantie aura été promise, en outre du prix de la cession et des frais et loyaux coûts du contrat, le vendeur devra des dommages-intérêts égaux au profit que le cessionnaire aurait retiré de la créance si elle avait été fondée, et eu égard à la position du prétendu débiteur.

La loi n'a pas considéré l'insolvabilité du débiteur comme un vice redhibitoire. Le cédant n'est tenu de garantir la solvabilité que lorsqu'il s'y est engagé, et dans ce cas même il ne peut être tenu de payer au-delà de ce qu'il a reçu.

De même que dans les ventes ordinaires on n'est pas censé garantir les cas fortuits, de même le cédant, lorsqu'il garantit la solvabilité du débiteur, ne promet que la solvabilité présente, et ne répond pas de l'insolvabilité qui pourrait survenir, s'il ne l'a expressément stipulé ; car depuis le contrat la chose vendue est aux risques de l'acheteur.

Le législateur s'est écarté des règles du droit commun à l'égard de la cession des *droits litigieux*.

On regarde une chose comme litigieuse lorsqu'il y a contestation sur le fond du droit au moment de la cession, ou même sans qu'il y ait encore de procès commencé, lorsque les objets cédés ne sont que des prétentions, enfin lorsqu'il y a juste motif de craindre un procès. Mais un droit clair et liquide ne peut pas devenir litigieux depuis la cession par la seule résistance du débiteur.

En haine des acheteurs de procès, les lois *per diversas* et *ab Anastasio*, 22 et 23, C. *mandati*, ont établi que le débiteur cédé, pourrait éconduire le cessionnaire en lui remboursant le prix de la cession. Les dispositions tout équitables de ces lois étaient adoptées par l'ancienne jurisprudence et ont été consacrées par le Code civil.

« Celui contre lequel on a cédé un droit litigieux, porte l'art 1699, peut s'en faire tenir quitte par le cessionnaire, en lui remboursant le prix réel de la cession avec les frais et loyaux coûts, et avec les intérêts du jour où il a payé le prix de la cession à lui faite. » L'acheteur du droit litigieux doit être remis absolument dans la même position que s'il n'avait jamais contracté.

Pour éluder la disposition rigoureuse de cet article, il peut arriver qu'après le marché conclu, les parties fassent un acte ostensible dans lequel elles porteraient le prix de la cession à une somme égale au montant de la créance vendue ; le débiteur ne devant que le prix *réel* sera admis à prouver, par toutes les voies de droit, que le véritable prix n'est pas celui déclaré dans l'acte produit par le cessionnaire.

Le Code civil, pas plus que la loi *per diversas,* ne permet d'éconduire le donataire ; mais si la donation n'est pas sincère, le débiteur a le droit de prouver qu'il y a un prix, et de se faire tenir quitte en le remboursant.

La disposition de l'art. 1699 reçoit exception en trois cas : ces exceptions, déjà établies par la loi précitée de l'empereur Anastase, ont lieu : 1° lorsque la cession est faire à un cohéritier ou co-propriétaire du droit cédé ; 2° lorsque le droit litigieux est donné en paiement à un créancier ; 3° lorsque la vente est faite au possesseur de l'héritage sujet au droit litigieux. Dans tous ces cas, l'acquisition a un motif légitime ; on ne peut pas dire qu'elle est faite par cupidité ou dans un esprit de vexation (art. 1701).

§ II. *Du transport de droits successifs.*

Une hérédité est un bien incorporel dont le propriétaire peut disposer comme de tout autre.

Il faut distinguer si le vendeur a cédé son droit à l'hérédité, ou les biens qui composent l'hérédité, ou s'il a vendu l'hérédité elle-même.

S'il a cédé son droit, c'est-à-dire ses prétentions à l'hérédité sans aucune garantie à cet égard, et qu'il soit jugé contre l'acheteur que le cédant n'avait rien à prétendre, celui-ci ne peut être tenu à aucune restitution; car c'est une chance, une simple espérance qui a fait la matière du contrat (L. 10, 11 et 13 ff. *de vend. hær.*) : bien entendu qu'il doit y avoir bonne foi de la part du vendeur, autrement il devrait des dommages pour son dol (L. 12 *eodem*).

Si l'on a vendu les biens composant une succession en les spécifiant, c'est une vente de choses corporelles, soumises à tous les principes ordinaires de la vente quant à la garantie.

Celui qui vend une hérédité en général, c'est-à-dire les droits attachés à l'hérédité, n'est tenu de garantir que sa qualité d'héritier (art. 1696).

L'effet de la cession de l'hérédité est d'assurer au cessionnaire tous les avantages attribués au titre d'héritier; mais on ne cède pas ce titre lui-même ; il est incessible; il est attaché à la personne de l'héritier, et ne peut s'en séparer. Aussi, malgré la cession, l'héritier demeure toujours exposé aux poursuites de ses cohéritiers, des créanciers et légataires de la succession.

L'héritier doit faire raison à son cessionnaire de tout ce qu'il a recueilli de la succession depuis qu'elle est ouverte, et de tout ce qui pourrait lui en provenir depuis la vente en fonds, capitaux, intérêts, fruits et autres accessoires. S'il a vendu des biens héréditaires, il doit en rembourser le prix qu'il a perçu; s'il en a aliéné à titre gratuit, il doit en rembourser l'estimation.

Si l'héritier était débiteur du défunt, ou s'il avait recueilli la succession d'un débiteur du défunt, il est obligé de payer cette créance au cessionnaire.

Le vendeur d'une hérédité ne contractant point l'obligation de garantir l'existence des biens, mais seulement celle de son droit, ne peut être rendu responsable de la perte des biens arrivée par cas fortuit, et même par sa faute, avant la vente; mais il répond de la perte arrivée par son fait, depuis la cession des droits successifs : dans les deux cas il répond de son dol.

L'acheteur de droits successifs doit payer au vendeur le prix convenu pour la cession, et lui rembourser tout ce qu'il a payé pour dettes et charges de la succession (art 1698). Mais il n'est pas tenu de rembourser ce que l'héritier a payé par erreur, persuadé qu'il acquittait une dette de la succession, et réciproquement l'héritier n'est pas obligé de tenir compte à l'acheteur de ce qu'il a indûment exigé : il n'y a dans ces deux cas ni dette ni créance héréditaires (L. 2, §7, ff. *de hæ. vend.*). Si l'héritier était créancier du défunt, ou s'il était héritier ou cessionnaire d'un créancier du défunt, le cessionnaire doit lui tenir compte de ces créances. En un mot, il doit l'indemniser de tout ce qu'il lui en coûté pour se porter héritier.

Il doit aussi le rendre absolument indemne de tout le préjudice qu'il pourrait éprouver par suite de la conservation du titre d'héritier, le garantir des poursuites que pourraient exercer contre lui les créanciers de la succession.

THÈSES.

Si celui qui a vendu la chose d'autrui en devient propriétaire par la suite, la vente se trouve-t-elle confirmée?—Non; à moins que l'acte qui confère la propriété au vendeur n'ait un effet rétroactif, comme un partage, une licitation, et ne fasse remonter ainsi la propriété à une époque antérieure à la vente, et pourvu encore que cet acte intervienne avant que l'acheteur n'ait demandé la nullité de la vente.

Que doit-on statuer en cas de lésion si la vente comprend tout à la fois des meubles et des immeubles?—On détermine par une ventilation pour combien chacune de ces espèces de biens est entrée dans le prix de vente. *Secùs* si les meubles ne sont que l'accessoire des immeubles.

Si l'acheteur d'une part indivise s'est rendu adjudicataire sur une licitation demandée contre lui, peut-il obliger le vendeur qui demande la rescision pour lésion à retraire la totalité?—Non.

Le vendeur pourrait-il forcer l'acheteur à pacte de rachat à restituer la portion qu'il a acquise sur licitation? Non.

Dans le cas de l'art. 1670, si les divers cohéritiers ou covendeurs ne s'entendent pas pour exercer le retrait ensemble, le demandeur ne peut pas se saisir de l'argument de l'acheteur qui soutient le bien indivisible (non matériellement, mais dans le rapport sous lequel il l'a considéré en l'achetant) pour lui offrir le prix en entier et demander la restitution du total; l'acheteur qui l'éconduit dans un cas en argumentant de l'indivisibilité du bien, l'éconduira dans l'autre en argumentant de la divisibilité de l'action et du défaut de quotité.

Si au moment de la signification d'un transport, il existait une opposition entre les mains du débiteur, et qu'il en survînt d'autres postérieurement, le cessionnaire ne serait pas saisi à l'égard des derniers opposans, et la main-levée qui serait donnée de l'opposition antérieure ne saurait préjudicier à leurs droits,

Si après la vente de droits successifs un cohéritier du cédant vient à renoncer; le droit d'accroissement doit appartenir au cédant, et non pas au cessionnaire.

www.ingramcontent.com/pod-product-compliance
Lightning Source LLC
Chambersburg PA
CBHW060527200326
41520CB00017B/5149